BEI GRIN MACHT SICH IHR WISSEN BEZAHLT

- Wir veröffentlichen Ihre Hausarbeit,
  Bachelor- und Masterarbeit

- Ihr eigenes eBook und Buch -
  weltweit in allen wichtigen Shops

- Verdienen Sie an jedem Verkauf

**Jetzt bei www.GRIN.com hochladen
und kostenlos publizieren**

Persönlichkeitstests, Relation von Persönlichkeit und Gesundheit und das Big-Five-Modell

Anja Warta

Bibliografische Information der Deutschen Nationalbibliothek:

Die Deutsche Nationalbibliothek verzeichnet diese Publikation in der Deutschen Nationalbibliografie; detaillierte bibliografische Daten sind im Internet über http://dnb.d-nb.de abrufbar.

ISBN: 9783346782205
Dieses Buch ist auch als E-Book erhältlich.

Druck und Bindung: Books on Demand GmbH, Norderstedt Germany
Gedruckt auf säurefreiem Papier aus verantwortungsvollen Quellen

Das vorliegende Werk wurde sorgfältig erarbeitet. Dennoch übernehmen Autoren und Verlag für die Richtigkeit von Angaben, Hinweisen, Links und Ratschlägen sowie eventuelle Druckfehler keine Haftung.

Das Buch bei GRIN: https://www.grin.com/document/1306745

Einsendeaufgabe

Persönlichkeitspsychologie

Alternative B

Abgegeben am 05.04.2021 per Online-Einsendung

SRH Fernhochschule - The Mobile University

Modul: Persönlichkeitspsychologie

Studiengang: B.Sc. Psychologie

Von

Anja Warta

Studiengang: B.Sc. Psychologie

Inhaltsverzeichnis

Abkürzungsverzeichnis

Aufl.	Auflage
ADHS	Aufmerksamkeitsdefizit-/ Hyperaktivitätsstörung
BPS	Borderline-Persönlichkeitsstörung
bspw.	beispielsweise
bzw.	beziehungsweise
DPB	Dialektisch-Behaviorale Therapie
etc.	et cetera
griech.	griechisch
lat.	lateinisch
MMIP	Minnesota Multiphasic Personality Inventory
NEO-PI	NEO Personality Inventory
PS	Persönlichkeitsstörung
S.	Seite
SOC	sense of coherence
SV	selbstverletzendes Verhalten
Tab.	Tabelle
TAT	Thematischer Apperzeptions-Test
Vgl.	vergleiche

Tabellenverzeichnis

Anlagenverzeichnis

Aufgabe B1

Das erste Kapitel dieser Arbeit setzt sich zum einen mit den klassischen Gütekriterien für Testverfahren anhand des Beispiels von Persönlichkeitstests auseinander. Zum anderen wird im Speziellen auf die Borderline-Persönlichkeitsstörung eingegangen und erläutert, wie sich diese auf den betroffenen Menschen auswirkt bzw. wie jene diagnostiziert werden kann.

1.1 Die klassischen Gütekriterien für Testverfahren bei Persönlichkeitstests

Zunächst einmal wird unter dem Begriff *Persönlichkeit* die Gesamtheit der Persönlichkeitseigenschaften (**Traits**) eines Menschen verstanden. Genauer gesagt bedeutet dies, die Persönlichkeit umfasst die Gesamtheit und Regelmäßigkeit von relativ stabilen Tendenzen und Mustern im Verhalten und Erleben einer Person, sowie individuelle, körperliche Erscheinungen. Dies macht einen Menschen einzigartig und differiert ihn von Anderen. [1] Um die menschliche Persönlichkeit zu verstehen und beschreiben geht man von zwei Annahmen aus: 1) bei Individuen existieren persönliche Charakteristika, diese verleihen dem Verhalten Kohärenz und 2) die Charakteristika können erfasst und gemessen werden. [2]

Persönlichkeitstests erheben stabile Eigenschaften (Traits) und temporäre Zustände (States). Diese enthalten keine Aufgaben, welche mit "richtig" oder "falsch" bewertet werden könnten, sondern setzen sich zum Ziel, typisches Verhalten und Erleben in Abhängigkeit der Traits zu erheben. Die Antworten der Testperson werden demnach als **symptomatisch** für eine **hohe oder niedrigere Merkmalausprägung** bewertet. Es gibt kein Optimum an Ausprägungen eines bestimmten Merkmals. Aufgrund dessen, dass die Angaben subjektiv sind, können diese auch von der Testperson (beabsichtigt) verfälscht werden. [3] Mit mehreren verschiedenen Techniken können Traits untersucht und erfasst werden. Manche Methoden haben sich dabei valider als andere herausgestellt. Beispielsweise wird ein Profil des Verhaltensmusters erstellt und damit ein Merkmal erfasst (Bsp. Extraversion). Persönlichkeitsinventare nennt man längere Fragebögen, welche einen bestimmten Bereich von Verhaltensweisen und Gefühlen abdecken. [4]

---

[1] *Asendorpf* (2019), S. 2; *Rauthmann* (2016), S. 3; *Schmithüsen* (2015), S. 288
[2] Vgl. *Gerrig* (2015), S. 540
[3] Vgl. *Moosbrugger/ Kelava* (2020), S. 47
[4] Vgl. *Myers* (2014), S. 571

Zur Qualitätssicherung verschiedener Test- und Fragebogenuntersuchungen ist es unerlässlich, einige Gütekriterien zu erfüllen. Unter Gütekriterien versteht man eine Reihe von Anforderungen, welche berücksichtigt werden sollten.

1.1.1 Objektivität: Beschreibt ein Instrument, inwiefern es gelingt, eine Untersuchungsdurchführung zu standardisieren. Die Ergebnisse einer diagnostischen Methode (Durchführung, Auswertung und Interpretation) sollten unabhängig von Ort, Zeit und Testleiter sein. Es wird unterschieden zwischen der Durchführungsobjektivität, der Auswertungsobjektivität und der Interpretationsobjektivität.

1.1.2 Reliabilität (Zuverlässigkeit): Bezeichnet die Zuverlässigkeit, bzw. den Grad der Messpräzision. Die Messergebnisse sollten bei erneuter Messung reproduziert werden können. Die Reliabilität sollte bei 0,80 liegen, um als "gut" eingestuft zu werden. Es können verschiedene Möglichkeiten angewandt werden, um die Reliabilität zu erhöhen wie z.B. die Erhöhung der Testlänge oder die Verwendung homogener Items.

1.1.3 Validität (Gültigkeit): Charakterisiert ein Messinstrument in jener Hinsicht, ob tatsächlich das gemessen wird, was ursprünglich beabsichtigt war. Die Validität lässt sich darüber hinaus in die Inhalts-, Kriteriums- und Konstruktvalidität gliedern. [5]

Ein genauerer Einblick über die drei Hauptgütekriterien ist aus Anlage 1 im Anschluss der Arbeit zu entnehmen. Des Weiteren existieren auch noch zahlreiche Nebenkriterien. Eine **Normierung** (Eichung) liegt vor, wenn die Angaben für individuelle Testergebnisse als Bezugssystem dienen können. Unter **Ökonomie** versteht man, dass sich die Kosten und die Zeit der Durchführung eines Tests im Rahmen halten. Die **Nützlichkeit** wiederum bezieht sich auf die Anwendbarkeit eines Messinstruments: der Test sollte praktische Relevanz aufweisen. [6] **Fairness** ist gegeben, wenn die resultierenden Testwerte zu keiner Benachteiligung bestimmter Gruppen aufgrund ihrer Zugehörigkeit führen. Die **Unverfälschbarkeit** soll garantieren, dass das Testergebnis durch eine beabsichtigte Vortäuschung nicht verfälscht werden kann. **Zumutbarkeit** ist gegeben, wenn die Testperson psychisch, körperlich und zeitlich nicht übermäßig belastet wird. [7]

---

[5] *Herzberg/ Roth* (2014), S. 29-30; *Von Der Assen* (2016), S. 135-136; *Von Der Assen* (2019), S. 33-35
[6] Vgl. *Albers/ Klapper/ Konradt/ Walter/ Wolf* (2007), S. 375-376
[7] Vgl. *Moosbrugger/ Kelava* (2020), S. 24-26

1.2 Objektive Tests

Objektive Verfahren sind in ihrer Anwendung und Auswertung meist einfach gehalten. Die Person soll dabei angeben, ob bestimmte Aussagen zutreffen oder für sie typisch sind. Das Messprinzip wird dabei verschleiert, sodass kein Raum für Verfälschungen des Ergebnisses gegeben wird. Eine Zahl oder eine Menge von Werten für unterschiedliche Persönlichkeitseigenschaften stellt das Ergebnis des Tests dar.

Ein bekannter Test unter den Objektiven Verfahren ist der **MMPI** (Minnesota Multiphasic Personality Inventory). Dieser wurde von *Hathaway* und *McKinley* anhand einer empirischen Strategie entwickelt, um der Diagnostik von Menschen mit klinisch relevanten Problemen gerecht zu werden. Der MMPI bestand ursprünglich aus zehn klinischen Skalen, diese wurden im Laufe der Jahre immer wieder ergänzt. (MMPI-2 und MMPI-2-RF) Das sogenannte "MMPI-Profil" entsteht durch die Auswertung der durch die Testperson getätigten Angaben. Das Profil wird anschließend beispielsweise mit bestimmten Gruppierungen verglichen, für jene bestimmte Werte typisch sind. (z.B. Verbrecher) Darüber hinaus beinhaltet der Test Validitätsskalen, welche verdächtige Antworten aufspüren, wie zum Beispiel offensichtliches Lügen.

Ein weiteres Persönlichkeitsinventar ist das **NEO-PI** (deutsch: NEO-PI-R). Dieses wurde zur Messung von Persönlichkeitscharakteristika bei nicht-klinischen Menschen entworfen. Es misst das 5-Faktoren-Modell der Persönlichkeit: *Neurotizismus, Extraversion, Verträglichkeit, Gewissenhaftigkeit und Offenheit.* Hauptsächlich wird das NEO-PI eingesetzt, um Veränderung und Stabilität der Persönlichkeit über einen längeren Zeitraum zu erfassen, sowie den Zusammenhang zwischen der körperlichen Gesundheit, Traits und verschiedenen Ereignissen im Leben zu untersuchen. [8]

1.3 Projektive Tests

Die Messung von Projektiven Verfahren beruht auf der psychoanalytischen Annahme, dass viele Bedürfnisse unbewusst sind und sich diese eher in Fantasien oder Träumen offenbaren. **Implizite Motive** (früher: *latente Bedürfnisse*) werden jene genannt, welche dem Bewusstsein nicht direkt zugänglich sind.

---

[8] *Gerrig* (2015), S. 540-542; *Moosbrugger/ Kelava* (2020), S. 47-49, *Myers* (2014), S. 571

Explizite Motive (früher: *manifeste Bedürfnisse*) werden im Erleben und Verhalten direkt repräsentiert. [9] Im Gegensatz zu Objektiven Verfahren wird bei Projektiven Tests keine festgelegte Spanne an Antwortmöglichkeiten herangezogen.

Der Testperson werden mehrdeutige Stimuli (=Reiz), wie etwa unvollständige Bilder, abstrakte Muster oder mehrdeutige Zeichnungen vorgelegt. Diese können beschrieben, etwas dazu erzählt oder vervollständigt werden. Ziel ist es, dass die Testperson unbewusste, tiefliegende oder verdrängte Bedürfnisse, Erfahrungen, Gefühle, Motive, Erlebnisse etc. in das gezeigte Bildmaterial hineinprojiziert und somit ihre Persönlichkeit offenbart.

Ein Beispiel für ein Projektives Verfahren ist der **Rorschach-Test**. Hier werden Tintenkleckse als mehrdeutige Stimuli verwendet und gefragt, was die Abbildung darstellen könnte. Der Testleiter/ die Testleiterin notiert währenddessen, was die Testperson wortwörtlich sagt und wie lange er oder sie für die Antwort braucht. In der Befragungsphase sollen sich die Probanden genauer zu ihren Antworten äußern. Die Auswertung erfolgt nach 1) dem Erfassungsmodus (auf welchen Teil der Karte bezieht sich die Antwort), 2) den Inhalt der Deutung und 3) der Determination (welcher Aspekt die Antwort ausgelöst hat). Trotz Trainingsmethoden, um eine reliable Anwendung dieses Tests zu ermöglichen, bleibt er kontrovers.

Ein weiteres Projektives Verfahren ist der **TAT** (Thematischer Apperzeptions-Test) nach *Henry Murray*. Es werden mehrdeutige Bilder oder Szenen gezeigt, wozu die Probanden erzählen sollen, wie die Menschen in den Bildern denken, handeln und wie die Situationen enden. Danach wird die Struktur des Inhalts und das Verhalten der Testperson bewertet und man versucht, die wichtigsten Motive und Anliegen der Person herauszufinden.

Alle Arten von Persönlichkeitstests haben gemeinsam, dass sie auf unterschiedliche und einzigartige Weise einen Einblick in die Persönlichkeit eines Menschen geben können. Manche Tests sind valider und werden weniger umstritten als andere. Um einen ganzheitlichen Eindruck einer Person zu erfassen, werden für ein Persönlichkeitsgutachten oft mehrere Tests von Klinischen Psychologen miteinander kombiniert. [10]

---

[9] Vgl. *Asendorpf* (2019), S. 119
[10] Vgl. *Gerrig* (2015), S. 542- 545

1.4 Die Borderline-Persönlichkeitsstörung (BPS)

Im Allgemeinen spricht man von einer Persönlichkeitsstörung (PS), wenn eine Person in ihrem Erleben, Verhalten, Denken und Fühlen andauernde und unflexible Muster aufweist, welche von sozialen und kulturellen Normen stark abweichen. [11] Der Bezug zur Realität bleibt weiterhin aufrecht, der/ die Betroffene ist jedoch in der Bewältigung alltäglicher Aufgaben eingeschränkt. Häufig gehen Leidenszustände und Konflikte einher. Der Beginn einer PS ist überwiegend in der Jugend oder im jungen Erwachsenenalter vorzufinden. [12] Grundsätzlich werden Persönlichkeitsstörungen meist in drei Gruppen unterteilt:

Gruppe A: *sonderbar/ exzentrisch*

Gruppe B: *dramatisch/ emotional/ launisch*

Gruppe C: *ängstlich/ furchtsam* [13]

In dieser Arbeit wird nun explizit auf die Borderline-Persönlichkeitsstörung eingegangen, welche Gruppe B zugeordnet wird.

1.4.1 Symptomatik

Ein sehr häufiges, ausschlaggebendes Merkmal bei der BPS ist Instabilität im Bereich der Affekte. (=intensive, kurz andauernde Bewegung, Zustand oder Erregung) Die Affekte können sich innerhalb von Sekunden wandeln und werden als schwer- bzw. unkontrollierbar von betroffenen Personen erlebt. (= Affektlabilität) Es kommt zu keinem Identitätsverlust, jedoch oft zu einem Gefühl, sich selbst nicht richtig zu kennen und steuern zu können. Impulsive Handlungen wie z.B. Drogenkonsum oder Hochrisikoverhalten wie z.B. auf Bahngleisen spazieren zu gehen, sind für die BPS nicht untypisch. Betroffene berichten zudem häufig von Gefühlen innerer Leere, Einsamkeit und des Verlassenseins. Selbstverletzendes Verhalten (SV) entsteht häufig durch Wutausbrüche (70-80% der Fälle). In 7-10% der Fälle kommt es zu einem tatsächlichen Suizid.

---

[11] Vgl. *Caspar/ Pjanic/ Westermann* (2018), S. 131
[12] Vgl. *Becker* (2014b), S. 51-53
[13] Vgl. *Linden/ Hautzinger* (2015), S. 547

Dies wird manchmal als letzter Ausweg der erlebten Spannungszustände gesehen. Durch die Unsicherheit des eigenen Selbstbildes ist dieses oft gestört. Auch Beziehungen zu anderen Menschen gestalten sich vermehrt turbulent. [14]

1.4.2 Epidemiologie

Etwa 2% der Bevölkerung leiden unter einer BPS. Es wird davon ausgegangen, dass gewisse Anteile einer BPS vererbt werden können- nämlich etwa Eigenschaften wie Impulsivität und schwankende Stimmungen. Bei nahezu 60% der von BPS- Betroffenen lässt sich zusätzlich ADHS (Aufmerksamkeitsdefizit-/ Hyperaktivitätsstörung) diagnostizieren. Gewalterfahrungen, sowie sexuelle Traumatisierung oder Vernachlässigung in der Kindheit sind Beispiele für typische Lebensbedingungen von späteren Borderline-Erkrankten.

1.4.3 Diagnostik und Behandlung

Um eine BPS zu diagnostizieren, müssen mindestens fünf der neun Kriterien zutreffen:

- Ständiges Bemühen, reales oder imaginäres Verlassen-Werden zu verhindern
- Identitätsstörung (klar verzerrtes, gestörtes Selbstbild)
- Impulsivität (z.B. Drogenmissbrauch oder in der Sexualität)
- Instabile, turbulente Beziehungen
- Affektlabilität (extrem ausgeprägte Stimmungsschwankungen)
- Chronisches Gefühl von Leere/ Wertlosigkeit
- Kurzzeitige Wahnvorstellungen oder dissoziative Symptome (z.B. Amnesie)
- Außergewöhnliche Wutanfälle bzw. die Unfähigkeit, diese zu kontrollieren [15]

Für Störungsbilder, welche häufig mit einer BPS gemeinsam auftreten, (z.B. Depressionen, Ängste, ADHS) werden oft Medikamente verabreicht. Für die Behandlung der BPS an sich gibt es verschiedene Psychotherapien. Die DBT (Dialektisch-Behaviorale Therapie) hat sich dabei besonders bewährt. Auf die Therapieformen im Genaueren wird nicht eingegangen, da dies den Rahmen überschreiten würde. [16]

---

[14] *Linden/ Hautzinger* (2015), S. 493; *Prößl/ Schnell/ Koch* (2019), S. 108-109
[15] *Becker* (2014b), S. 59-60; *Riffer/ Kaiser/ Sprung/ Streibl* (2019), S. 55-57
[16] Vgl. *Prößl/ Schnell/ Koch* (2019), S. 112

Aufgabe B2

In Aufgabe B2 wird der Zusammenhang zwischen Persönlichkeit und Gesundheit genauer beleuchtet. Darüber hinaus wird das Konzept des "Kohärenzsinns" definiert und dessen Bedeutung in der Gesundheitsförderung analysiert. Schlussendlich werden Handlungsempfehlungen für Führungskräfte dargelegt, um den Kohärenzsinn von Mitarbeiter und Mitarbeiterinnen besser zu berücksichtigen.

2.1 Die Relation von Persönlichkeit und Gesundheit

> *"Gesundheit ist der Zustand des vollständigen körperlichen, geistigen und sozialen Wohlbefindens und nicht nur des Freiseins von Krankheit und Gebrechen."*

[17]

Demnach bedeutet Gesundheit also nicht nur körperliche Fitness, sondern auch psychisches und soziales Wohlbefinden, wobei die Leistungsfähigkeit, Selbstverwirklichung und Sinnfindung zu berücksichtigen sind. Die Gesundheit ist darüber hinaus als dynamischer Prozess anzusehen. Dies bedeutet, dass Gesundheit aufrechterhalten und immer wieder neu erreicht werden muss. [18] Diese Definition kann allerdings je nach Lebensvorstellungen einer Gesellschaft auch variieren. Eine andere Definition von Gesundheit wäre beispielsweise *die Idee des harmonischen Gleichgewichts zwischen biologischen und psychischen Systemen eines Menschen.*

Um den Zusammenhang zwischen Persönlichkeit und Gesundheit zu verdeutlichen, existieren vier verschiedene Modelle. (nach Smith & Williams, 1992 und Suls und Ritterhouse, 1995). Diese werden im Folgenden etwas genauer beschrieben.

Erstes Modell

Zwischen der Persönlichkeit und Gesundheit wird ein kausaler Zusammenhang angenommen: biologische Aktivitäten werden also direkt von der Persönlichkeit beeinflusst.

---

[17] Vgl. *Renneberg/ Hammelstein* (2006), S. 8
[18] Vgl. *Renneberg/ Hammelstein* (2006), S. 8

Psychoanalytische Forscher sprechen daher von *zu Krankheiten neigenden Persönlichkeiten*. [19] *M. Friedman und R. Rosenman* berichteten 1950 ins besonders von dem Zusammenhang zwischen Persönlichkeitszügen und koronaren Herzerkrankungen. Je nach Verhaltensmuster wurden zwei Kategorien klassifiziert: **Typ A** und **Typ B**.

Typ A zeigt Eigenschaften wie feindselig, ungeduldig, hektisch, aggressiv, und konkurrenzorientiert. Typ B stellt genau das Gegenteil von Typ A dar, gelassen und entspannt. Friedman und Rosenman zeigten, dass Menschen mit einem Verhaltensmuster wie Typ A öfter an koronaren Herzerkrankungen litten. Den größten Risikofaktor für eine Erkrankung stellt hierbei die Feindseligkeit dar. In einer Studie stelle man fest, dass die Feindseligkeit sogar ein besserer Indikator für folgende Herzerkrankungen als beispielsweise der Konsum von Tabak oder Alkohol war. Verhaltenstherapien zur Reduzierung des Reaktionsmusters erwiesen sich hier jedoch als ziemlich erfolgreich. [20]

Zweites Modell

Hier wird zwischen der Persönlichkeit und Gesundheit nur ein korrelativer Zusammenhang angenommen. Biologische Ursachen (Gene) werden für eine Erkrankung und bestimmte Persönlichkeitsmerkmale verantwortlich gemacht. Beispielsweise wäre eine Person X genetisch anfällig für eine Herzerkrankung. Dasselbe Gen führt auch dazu, dass diese Person feindselig ist.

Drittes Modell

In diesem Konzept wird davon ausgegangen, dass Persönlichkeitseigenschaften verschiedene Verhaltensweisen hervorrufen. Bestimmte Verhaltensweisen, wie zum Beispiel der Konsum von Drogen oder Alkohol, können daraufhin das Krankheitsrisiko erhöhen.

Viertes Modell

Im vierten Model werden Persönlichkeitsveränderungen als Folgen einer Erkrankung angenommen. *Heckhausen* und *Schulz* gehen davon aus, dass akute gesundheitliche Krisen mit signifikanten psychologischen Auswirkungen einhergehen.

---

[19] Vgl. *Becker* (2014b), S. 24-25
[20] *Gerrig* (2015), S. 498; *Myers* (2014), S. 535-536

Diese Modelle schließen einander nicht aus, sondern zeigen viel mehr auf, dass der Zusammenhang zwischen Gesundheit und Persönlichkeit auf unterschiedliche Weisen interpretiert werden kann. [21]

Heutzutage haben über 850 empirische Studie den Zusammenhang zwischen Persönlichkeit und Gesundheit bestätigt. Beispielsweise wurden Zusammenhänge zwischen den **Big Five Traits** (Neurotizismus, Extraversion, Offenheit, Gewissenhaftigkeit & Verträglichkeit) und rauchen, Alzheimer, Depression und Lebenszufriedenheit dargelegt. [22] Weiters scheint der *Neurotizismus* ein Risikofaktor für die Gesundheit zu sein. Dieser ist mit einem höheren Risiko verbunden, an einer Krankheit zu erleiden. Im Gegensatz dazu scheint die *Extraversion* ein eher schützendes Merkmal in Bezug auf die Gesundheit haben. Ebenfalls wurde festgestellt, dass eine höhere *Gewissenhaftigkeit* mit einer geringeren Wahrscheinlichkeit zu erkranken, verbunden ist. Bezüglich der *Offenheit* konnten in den meisten Studien keine aussagekräftigen Zusammenhänge mit der Gesundheit festgestellt werden. Im Hinblick auf die *Verträglichkeit* wurde belegt, dass höhere Übereinstimmungswerte mit einer niedrigeren Selbsteinschätzung der eigenen Gesundheit verbunden waren. Es lässt sich also feststellen, dass die Persönlichkeit die Gesundheit zum Teil vorhersagen kann. Andererseits gibt es auch Hinweise darauf, dass die Gesundheit als Prädiktor für Persönlichkeitsveränderungen gelten kann. [23]

Ein aktuelles, umfassendes Modell, welches die Schnittstelle zwischen Persönlichkeit und Gesundheit in beide Richtungen untersucht, existiert jedoch noch nicht. Es wird in der heutigen Zeit aber eher davon ausgegangen, dass es keine wirklich expliziten "krankheitsanfälligen Persönlichkeiten" gibt, sondern bestimmte Menschen einen unausgewogenen Stil/ Verhalten/ eine Umgebung haben, welche für die Gesundheit nicht förderlich sind- im Gegenteil. [24]

---

[21] Vgl. *Becker* (2014), S. 25-26
[22] Vgl. *Strickhouser/ Zell/ Krizan* (2017), S. 797-807
[23] Vgl. *Wettstein/ Tauber/ Wahl/ Frankenberg* (2017), S. 5-6
[24] Vgl. *Friedman* (2000), S. 1003-1004

2.2 Das Konzept des Kohärenzsinns (sense of coherence, SOC)

Aaron Antonovsky gilt als Vorreiter der Salutogenese (lat. *salus*: Wohlbefinden, Zufriedenheit; *griech.* genesis: Entstehung, Herkunft), welche vom Zustand der Gesundheit ausgeht. Antonovsky geht außerdem von einem multidimensionalen Gesundheit-Krankheits-Kontinuum aus, auf dessen Skala sich jeder Mensch befindet. Im Konzept der Salutogenese trägt die Stressbewältigung eine zentrale Rolle. Bei erfolgreicher Bewältigung von Stress bewegt sich der Mensch auf dem Kontinuum in die positive Richtung, bei Misserfolg in die negative. Wird auf den negativen Pol zugesteuert, so kann eine Krankheit entstehen. Krankheiten entstehen jedoch nicht aufgrund des Stresses selbst, sondern durch den menschlichen Umgang damit. Antonovsky entwickelte ein Konzept zur Erklärung, warum Menschen nach traumatischen Erfahrungen teilweise keine gesundheitlichen Probleme davontrugen. Bei erfolgreicher Stressbewältigung kommen nun das Kohärenzgefühl, sowie Widerstandsressourcen ins Spiel. *Allgemeine Widerstandressourcen* sorgen beispielsweise für ein Gleichgewicht zwischen Über- und Unterforderung und schützen vor Belastungssituationen. [25] Das *Kohärenzgefühl* (sense of coherence) beschreibt ein gewisses Gefühl von Vertrauen beim Menschen, dass sich die Dinge zukünftig so gut entwickeln werden, wie zu erwarten ist. Darüber hinaus geht man davon aus, dass die Anforderungen des täglichen Lebens zu bewältigen sind und das Leben grundsätzlich einen gewissen Sinn mit sich bringt.

Das Kohärenzgefühl setzt sich aus drei Komponenten zusammen: der Bewältigbarkeit, der Verstehbarkeit und der Sinnhaftigkeit.

Bewältigbarkeit/ Handhabbarkeit (manageability): man sieht sich in der Lage, den Anforderungen der Umwelt gerecht zu werden

Verstehbarkeit (comprehensibility): das Leben wird als logisch, geordnet, zusammenhängend und vorhersehbar wahrgenommen

Sinnhaftigkeit/ Bedeutsamkeit (meaningfulness): das Ausmaß, in dem man sich für bestimmte Dinge engagieren kann

---

[25] *Becker* (2014b), S. 40-41; *Krafft/ Walker* (2018), S. 35

Menschen mit einem starken Kohärenzgefühl weisen mehr Widerstandsressourcen auf. Diese tragen dazu bei, dass eine Person (trotz einschneidender, belastender Ereignisse) geistig und körperlich gesund bleibt.

Nach Antonovsky befähigt ein hoher SOC einen Menschen dazu, Bewältigungsmechanismen flexibel an bestimmte Situationen anzupassen. Außerdem neigen jene Menschen dazu, Anforderungen eher nicht als negativ zu interpretieren und Stress als wenig bedrohlich wahrzunehmen. Er vermutet keinen direkten, jedoch einen indirekten Zusammenhang zwischen einem hohen SOC und der Bewältigung mit Stressoren. [26]

2.3 Handlungsempfehlungen zur Stärkung des Kohärenzsinns bei Mitarbeitern

Da wir einen Großteil unseres Alltags mit Arbeit verbringen, sind Arbeitsbedingungen unter Anderem ausschlaggebend für die Gesundheit einer Person und damit auch für das Kohärenzgefühl. Das Kohärenzgefühl kann durch das Arbeitsumfeld nachteilig, aber auch vorteilhaft verändert werden. Die Arbeit sollte im Allgemeinen verständlich, überschaubar und sinnvoll gestaltet werden. [27]

Um die **Verstehbarkeit** bei Mitarbeitern zu stärken, würde ich persönlich folgende Maßnahmen empfehlen:

o Genaue Abgrenzung der zu verrichtenden Arbeit (klares Aufgabengebiet der Mitarbeiter, Handlungsspielraum für eigene Ideen...)
o Position im Team festlegen (wer spielt welche Rolle, Positionen nach Stärken zuteilen)
o Arbeitsmoral sowie -philosophie abklären (was ist mir in diesem Betrieb als Führungsposition besonders wichtig, was sind absolute Tabus...)
o Umgang mit Fehlern (konstruktive Problembewältigung)

Um die **Bewältigbarkeit** zu berücksichtigen könnten folgende Maßnahmen in Betracht gezogen werden:

---

[26] *Becke*r (2014b), S. 40-41; *Little* (2015), S. 194-195; *Renneberg/ Hammelstein* (2006), S. 15-17
[27] Vgl. *Mittelmark* et al. (2017), S. 198

- o Allgemein positives, lösungsorientiertes Arbeitsklima (Umgang mit Mitarbeitern, Gestaltung der Arbeitsumgebung...)
- o Ausgleich zum Arbeitsalltag bieten (Rückzugsort wie z.b. Küche/ Wohnzimmer, kleiner Fitnessraum im Betrieb, Möglichkeit die Pause außerhalb des Betriebes zu verbringen, regelmäßige Events...)
- o Realistische Anforderungen bezüglich Arbeitszeit und Aufwand schaffen, auf Gleichgewicht zwischen Unter- und Überforderung achten
- o Personen, an die sich Mitarbeiter wenden können, wenn es ihnen zu viel wird (z.b. Vertrauensperson in Personalabteilung, Unterstützung durch eine(n) weiteren Kolleg*in...)

Um als Führungsperson die **Sinnhaftigkeit** der Mitarbeiter zu berücksichtigen würde ich jene Maßnahmen in den Arbeitsalltag integrieren:

- o Möglichkeiten zur Weiterbildung/ Weiterentwicklung und Aufstiegschancen bieten
- o Meinungen/ Vorschläge der Mitarbeiter berücksichtigen/ diese aktiv in Entscheidungen einfließen lassen (z.B. regelmäßiger Austausch in Teammeetings, gemeinsame Entscheidungsfindung)
- o Regelmäßige Anerkennung der Mitarbeiter als Person selbst und dessen Leistung, Wertschätzendes Verhalten auf Augenhöhe gegenüber dem Mitarbeiter, sowie gleiche Behandlung und Gleichberechtigung aller Mitarbeitenden (unabhängig von Kultur, Aussehen, Geschlecht/ Gender etc.)
- o Zukunftsorientiertes Arbeiten und gemeinsame Zielsetzung, um somit die Motivation steigern

Aufgabe B3

Im dritten, und somit auch letzten Kapitel dieser Arbeit wird zu Beginn das Big-Five-Modell nach Costa und McCrae vorgestellt. Danach wird aufgezeigt, welche Bedeutung diesem in der Personalauswahl zugeschrieben wird. Zuletzt wird erläutert, welche Eigenschaften ich persönlich bei Juristen und Juristinnen als am relevantesten empfinde und weshalb.

3.1 Das Big Five Modell

Setzt man sich mit der Frage auseinander, welche Persönlichkeitseigenschaften stabil und welche weniger stabil sind, so ist der Forschungsansatz der **Big Five** nach *Costa* und *McCrae* der bekannteste und am meist vertretene. Costa und McCrae zufolge setzt sich die menschliche Persönlichkeit aus folgenden Säulen zusammen: der *Extraversion* (extraversion), der *Verträglichkeit* (agreeableness), der *Gewissenhaftigkeit* (conscientiousness), dem *Neurotizismus* (neurotizism) und der *Offenheit* (openness) für Erfahrungen. Der Schwerpunkt dieses Konzepts liegt bei der ganzheitlichen und umfassenden Beschreibung der Persönlichkeit. [28] Mit dem Big Five Modell wurden beispielsweise Geschlechtunterschiede oder die Veränderung der Faktoren über die Lebensspanne in unterschiedlichen Kulturen untersucht. Die Auswertung der Ergebnisse war für Costa und McCrae ein starkes Indiz dafür, dass das Big Five Modell auf einer biologischen Basis beruht. Daraufhin wurde von ihnen die FFT (Fünf-Faktoren-Theorie der Persönlichkeit) entworfen. Die FFT besagt, dass lediglich biologische Faktoren Einfluss auf die Big Five haben und keine externen Faktoren, so wie Erziehung oder Kultur. [29] Des Weiteren sind alle Dimensionen bipolar. Das bedeutet, dass Begriffe, welche dem Namen der Dimension ähnlich sind, eine hohe Merkmalausprägung beschreiben. Im Gegensatz dazu sind Begriffe mit gegensätzlicher Bedeutung als niedrige Ausprägung zu interpretieren. [30] Das Fünf-Faktoren-Modell wurde bereits in vielen unterschiedlichen Kulturen und Sprachen bestätigt, was auf eine hohe Universalität dessen hinweist.

---

[28] *Schmithüsen* (2015), S. 296; *Von der Assen* (2019), S. 108
[29] Vgl. *Herzberg/ Roth* (2014), S. 43-44
[30] Vgl. *Gerrig* (2015), S. 508

Desorganisiert Nachlässig Impulsiv	**Gewissenhaftigkeit**	Organisiert Vorsichtig Diszipliniert
Rücksichtslos Misstrauisch Unkooperativ	**Verträglichkeit**	Weichherzig Vertrauenswürdig Hilfsbereit
Ruhig Sicher Selbstzufrieden	**Neurotizismus** (emotionale Stabilität vs. Instabilität)	Ängstlich Unsicher Selbstmitleidig
Pragmatisch Bevorzugt Routine Angepasst	**Offenheit für Erfahrung**	Fantasievoll Bevorzugt Abwechslung Unabhängig
Zurückhaltend Ernst Reserviert	**Extraversion**	Gesellig Lebenslustig Herzlich

Tab. 1.: The Big Five (Quelle: Myers 2014, S. 574, adaptiert nach Costa und McCrae 1986)

Auf der obersten Stufe des Modells sind die fünf Primärfaktoren zu finden. Abgesehen von diesen Hauptdimensionen bestimmen spezifischere Merkmale die Ausprägung einer bestimmten Dimension, diese werden auch als "Facetten" bezeichnet. Aus Tabelle 1 ist zu entnehmen, welche Facetten der jeweiligen Faktoren unter Anderem zugeordnet werden. [31]

Persönlichkeitsmerkmale werden bei Erwachsenen als relativ stabil angesehen. Dennoch können ein paar Tendenzen im Alter auch variieren. Beispielsweise wurde des Öfteren beobachtet, dass die Gewissenhaftigkeit und Verträglichkeit mit dem Alter eher zunehmen, während Neurotizismus, Extraversion und Offenheit eher abnehmen. Die Erblichkeit der Dimensionen beträgt ungefähr 50%. Zudem beeinflussen viele Gene in Kombination miteinander die Persönlichkeit. [32]

3.2 Die Big Five in der Personalauswahl

Die Personalauswahl ist ein Teilgebiet der Arbeits- und Organisationspsychologie und beschreibt im Allgemeinen die Zuweisung von Bewerber*innen auf eine bestimmte Stelle einer Organisation. Dabei wird stets versucht, jene Person(en) zu identifizieren, welche für die jeweilige Stelle am besten geeignet scheint/scheinen. [33]

---

[31] Vgl. *Becker* (2014a), S. 46-48
[32] Vgl. *Myers* (2014), S. 573
[33] Vgl. *Kauffeld* (2019), S. 140

Es gibt verschiedene Verfahren der Personalauswahl, wie unter Anderem **eigenschaftsorientierte Verfahren.** Diese verfolgen das Ziel, stabile Persönlichkeitsmerkmale zu erfassen. Zu jenen Verfahren zählen Intelligenztests, Persönlichkeitstests, sowie Integritätstests. Persönlichkeits- und Intelligenztests werden vor allem in den USA und auch in einigen europäischen Ländern häufig in der Personalauswahl eingesetzt. [34]

Unter **Arbeitsleistung** wird ein Konstrukt verstanden, welches angibt, wie gut Mitarbeiter Anforderungen erfüllen und ihre Ressourcen zur Problembewältigung einsetzen. Um den Zusammenhang zwischen Persönlichkeit und Arbeitsleistung zu erforschen, wurden zahlreiche empirische Studien durchgeführt. Eine Metastudie von Salgado (2003) zeigte, dass die Big Five ein relativ hilfreiches Modell sind, um das Verhältnis zwischen Arbeitsleistung und Persönlichkeit zu beschreiben. Man kam diesbezüglich zu folgenden Erkenntnissen:

o Ein konstanter Zusammenhang zwischen Persönlichkeit und Arbeitsleistung zeigte sich bei den Faktoren *Gewissenhaftigkeit* und niedrig ausgeprägtem *Neurotizismus*

o Die absehbare Kraft der Gewissenhaftigkeit ist höher als die des Neurotizismus

o Zusammenhänge zwischen Arbeitsleistung und den Faktoren *Offenheit*, *Verträglichkeit* und *Extraversion* konnten nur vereinzelt festgestellt werden

Gewissenhaftigkeit erwies sich als guter Prädiktor für eine Vielzahl von Berufen. Extraversion zeigte sich vor allem als guter Indikator für berufliche Tätigkeiten mit hoher sozialer Interaktion. (z.B. Beruf *Manager*) Ist man im Bildungsbereich tätig, so eigenen sich die Faktoren Offenheit für Erfahrungen und Extraversion besonders gut. Ferner konnten zwischen Gewissenhaftigkeit, Verlässlichkeit, Offenheit und dem akademischen Erfolg Zusammenhänge gefunden werden, wobei sich nur die Gewissenhaftigkeit als unabhängig von der Intelligenz erwies. Des Weiteren wurden einige Adjektive definiert, welche konstant als gute Prädiktoren für den beruflichen Erfolg gelten. z.B.: vertrauenswürdig, organisiert, praktisch, verlässlich, nicht depressiv, ambitioniert usw. [35]

---

[34] Vgl. *Kauffeld* (2019), S. 152-153
[35] Vgl. *Becker* (2014b), S. 85

3.3 Die wichtigsten Eigenschaften im Berufsbild Jurist*in

Für Jurist*innen empfinde ich eine hohe **Gewissenhaftigkeit** als den wichtigsten Faktor. Eine ebenfalls hohe Merkmalausprägung sollten meiner Ansicht nach **Verträglichkeit** und **Extraversion** aufweisen. Im Bereich **Neurotizismus** sollten Jurist*innen eine eher geringe Merkmalausprägung aufzeigen. Die **Offenheit** für Erfahrungen sollte auch eher hoch sein, jedoch empfinde ich diese Dimension als am wenigsten relevant.

Begründung: Da Jurist*innen hauptsächlich mit anderen Menschen zusammenarbeiten und eine bestimmte Person/ ein Unternehmen etc. vertreten, empfinde ich es als sehr wichtig, dass diese <u>Teamfähigkeit,</u> sowie <u>Kommunikations-, Konflikt-</u> und <u>Problemlösungsfähigkeit</u> mit sich bringen. Auch wenn meiner Meinung nach nicht zwingend Empathie notwendig ist, so muss der Jurist/ die Juristin doch eng mit verschiedensten Menschen zusammenarbeiten, sich dessen Geschichten anhören und gut mit den zu betreuenden Klienten kommunizieren, um (im Idealfall) eine optimale Problemlösung für den Klienten/ die Klientin zu erreichen. Weiters würde ich <u>Sorgfältigkeit</u> und <u>Genauigkeit</u> zu überaus wichtigen Eigenschaften von Jurist*innen zählen. Um zu einer zufriedenstellenden Taktik oder einer Problemlösung für die Beteiligten zu gelangen, müssen vorerst gründlich sämtliche Fakten, Umstände und Dergleichen untersucht werden, um überhaupt erst zu einem ganzheitlich umfassenden Bild eines Geschehnisses/Problems (optimalerweise mit Betrachtung aus verschiedenen Perspektiven, z.B. mit Zeugenaussagen) zu gelangen. Geht es dann um den Prozess (vor Gericht) selbst, so sind aus meiner Perspektive <u>Verhandlungs-</u> und <u>Argumentationsgeschick,</u> sowie <u>Kompromissbereitschaft</u> essenziell. Da es selbstverständlich häufig zu Diskussionen und Meinungsverschiedenheiten kommt, sollte im Vorhinein schon eine gewisse Taktik/ Argumentationsbasis geschaffen werden, um dann vor Gericht auch möglichst überzeugend, zusammen und zu Gunsten des Klienten/ der Klientin, argumentieren zu können. Vor allem wenn der jeweilige Jurist/ die Juristin auf selbstständiger Basis arbeitet, würde ich dazu noch <u>organisiert</u> und <u>verantwortungsbewusst</u> als wichtige Eigenschaften zählen. Zu wichtigen Selbstkompetenzen würde ich außerdem ein <u>gutes Selbstbewusstsein</u> sowie <u>Resilienz</u> zählen, um einerseits das <u>sichere Auftreten</u> vor Publikum zu gewährleisten und andererseits gut mit (vor allem schwierigen Fällen) umgehen zu können.

Anlagen

◘ Tab. 1.7 Übersicht über die Hauptgütekriterien Objektivität, Reliabilität und Validität

Hauptgüte-kriterium	Facette[a]		Bedeutung	Gewährleistung bzw. Überprüfung
Objektivität	Durchführungsobjektivität		Verfahren ist in standardisierter Weise dargeboten und bearbeitbar	z. B. Standard-instruktionen aus Testmanual
	Auswertungsobjektivität		Gewonnene Daten aus einem Verfahren sind in standardisierter Weise ausgewertet	z. B. Auswertungs-schablone
	Interpretationsobjektivität		Auswertungen eines Verfahrens sind standardisiert interpretierbar, sodass verschiedene Auswerter zur gleichen Interpretation kommen	Übereinstimmungs-maße (*interrater agreement*)
Reliabilität	Split-Half-Reliabilität		Zwei Testhälften einer Skala (mit möglichst jeweils gleicher Itemanzahl) sind innerhalb derselben Stichprobe substanziell korreliert	Aufgewertete Korrelation zweier Testhälften
	Interne Konsistenz		Items einer Skala sind hoch interkor-reliert, um möglichst „homogen" ein Konstrukt zu erfassen	z. B. Cronbachs alpha
	Paralleltest Reliabilität		Zwei verschiedene, aber möglichst parallele Versionen eines Verfahrens sind innerhalb derselben Stichprobe substanziell korreliert	Korrelation von zwei Testversionen
	Retest-Reliabilität		Skalenwerte zu Messzeitpunkt 1 korrelieren für Traits hoch (und für States niedrig) mit Skalenwerten zu Messzeitpunkt 2 in derselben Stichprobe	Korrelation über Messzeitpunkte
Validität	Augenscheinvalidität		Zu erfassendes Konstrukt ist aus den Items für Laien offensichtlich	Laienbeurteilungen
	Inhaltsvalidität		Items repräsentieren den Merkmals-raum eines Konstrukts möglichst repräsentativ und vollständig	Expertenbeurtei-lungen
	Konstruktvalidität	Faktoriell	Items zeigen eine einfache, saubere und erwartete Faktorenstruktur	Konfirmatorische Faktorenanalysen
		Konvergent	Skala korreliert substanziell mit Skalen, die das gleiche Konstrukt messen sollen	Multitrait-Multimet-hod-Analysen
		Divergent/ Diskriminant	Skala korreliert wenig bis gar nicht mit Skalen, die nicht das gleiche Konstrukt messen	

■ **Tab. 1.7** Fortsetzung

	Kriteriumsvalidität	Retrospektiv	Skala korreliert mit Kriterium, das in der Vergangenheit liegt oder dort erhoben wurde	Korrelation/ Regression
		Konkurrent	Skala korreliert mit Kriterium, das in der Gegenwart liegt bzw. zeitgleich erhoben wurde	Korrelation/ Regression
		Prädiktiv/ Prognostisch/ Prospektiv	Skala sagt Kriterium voraus, das in der Zukunft liegt bzw. dort erhoben wird	Korrelation/ Regression
		Inkrementell	Skala sagt ein Kriterium „besser" voraus (= mehr und zusätzliche Varianzaufklärung) als andere Skalen, die das gleiche Konstrukt messen	Multiple Regression
	Substanzielle Validität		Skala verhält sich in Untersuchungen so, wie es die Theorie für das gemessene Konstrukt vorhersagt	Feldstudie Experiment

ᵃAuswahl mit stark vereinfachter Beschreibung.

Anlage 1: Übersicht der Hauptgütekriterien (Quelle: übernommen von Rauthmann 2017, S. 19-20)

Literaturverzeichnis

Albers, S., Klapper, D., Konradt, U., Walter, A. & Wolf, J. (2007), Methodik der empirischen Forschung, 2. Aufl., Wiesbaden.

Asendorpf, J. B. (2019), Persönlichkeitspsychologie für Bachelor, 4. Aufl., Berlin.

Becker, B. (2014a), Grundlagen der Differentiellen und Persönlichkeitspsychologie, 1. Aufl., Riedlingen.

Becker, B. (2014b), Praxisfelder der Differentiellen und Persönlichkeitspsychologie, 1. Aufl., Riedlingen.

Caspar, F., Pjanic, I. & Westermann, S. (2018), Klinische Psychologie, 1. Aufl., Wiesbaden.

Friedman, H. S. (2000), Long-Term Relations of Personality and Health: Dynamisms, Mechanisms, Tropisms, Journal of Personality 68:6, Hogrefe.

Gerrig, R. J. (2015), Psychologie, 20. Aufl., Hallbergmoos.

Herzberg, P. Y. & Roth, M. (2014), Persönlichkeitspsychologie, 1. Aufl., Wiesbaden.

Kauffeld, S. (2019), Arbeits-, Organisations- und Personalpsychologie für Bachelor, 3. Aufl., Berlin.

Krafft, A. M. & Walker, A. M. (2018), Positive Psychologie der Hoffnung: Grundlagen aus Psychologie, Philosophie, Theologie und Ergebnisse aktueller Forschung, 1. Aufl., Berlin.

Linden, M. & Hautzinger, M. (2015), Verhaltenstherapiemanual, 8. Aufl., Heidelberg.

Little, B. (2015), Mein Ich, die anderen und wir: Die Psychologie der Persönlichkeit und die Kunst des Wohlbefindens, 1. Aufl., Wiesbaden.

Mittelmark, M. B., Sagy, S., Eriksson, M., Bauer, G.F., Pelikan, J., Lindström, B. & Espnes G. A. (2017), The Handbook of Salutogenesis, 1. Aufl., Schweiz.

Moosbrugger, H. & Kelava, A. (2020), Testtheorie und Fragebogenkonstruktion, 3. Aufl., Berlin.

Myers, D. G. (2014), Psychologie, 3. Aufl., Heidelberg.

Prölß, A., Schnell, T. & Koch, L. J. (2019), Psychische Störungsbilder, 1. Aufl., Berlin.

Rauthmann,   J.   F.   (2016),   Grundlagen   der   Differentiellen   und Persönlichkeitspsychologie: Eine Übersicht für Studierende, 1. Aufl., Wiesbaden.

Rauthmann,   J.   F.   (2017),   Persönlichkeitspsychologie: Paradigmen-Strömungen-Theorien, 1. Aufl., Berlin.

Renneberg, B. & Hammelstein, P. (2006), Gesundheitspsychologie, 1. Aufl., Heidelberg.

Riffer, F., Kaiser, E., Sprung, M. & Streibl, L. (2019), Mensch-Beziehung-Störung: Aktuelle Konzepte zu Borderline und strukturell verwandten Störungen, 1. Aufl., Berlin.

Schmithüsen, F. (2015), Lernskript Psychologie: Die Grundlagenfächer kompakt, 1. Aufl., Heidelberg.

Strickhouser, J. E., Zell, E. & Krizan, Z. (2017), Does Personality Predict Health and Well-Being? A Metasynthesis, Health Psychology Vol. 36, No. 8, 797-810, American Psychological Association.

Von der Assen, C. (2016), Crash-Kurs Psychologie: Semester 1, 1. Aufl., Heidelberg.

Von der Assen, C. (2019), Crash-Kurs Psychologie: Semester 2, 1. Aufl., Berlin.

Wettstein, M., Tauber, B., Wahl, H-W. & Frankenberg, C. (2017), 12-Year Associations of Health with Personality in the Second Half of Life: Being versus feeling healthy, GeroPsych 30 (1), 5-17, Hogrefe.